Paul & Papa

Für Alex und Juli

2. Auflage, 2015

© mixtvision Verlag, München 2015
www.mixtvision-verlag.de
Alle Rechte vorbehalten.
Umschlagillustration: Susanne Göhlich
Grafik und Gestaltung: Anette Beckmann
Druck und Bindung: Grafisches Centrum Cuno, Calbe

ISBN: 978-3-95854-027-9

Susanne Weber

Paul & Papa

Vorlesegeschichten

Mit Illustrationen
von Susanne Göhlich

Inhalt

Der Bagger vor der Tür

„Das kann ja wohl nicht wahr sein!", sagt Papa empört, als Paul und er die Haustür öffnen und nach draußen treten. „Schon wieder eine Baustelle direkt vor unserem Haus! Die können doch nicht zum dritten Mal den Boden aufreißen!"

Mit einem lauten Krachen lädt der Bagger eine Schaufel voller Steine ab. Paul strahlt. „Ist doch super!", sagt er.

„Es ist total laut. Und außerdem gibt es dann weniger Parkplätze!", beschwert sich Papa.

Der Baggerfahrer bemerkt Papas bösen Blick und stellt den Motor ab. „Keine Sorge. Diesmal dauert es nicht lang. Wir überprüfen nur die Leitungen an dieser Stelle. Dann kommt wieder 'ne Schicht Asphalt drauf und fertig."

„Och, schade", sagt Paul enttäuscht.

„Willst du mal in die Fahrerkabine gucken?", fragt der Baggerfahrer.

„Au ja!", sagt Paul und Papa hebt ihn über die Absperrung.

Der Baggerfahrer rückt zur Seite und Paul klettert neben ihn auf den Fahrersitz.

Davon hat Paul schon lange geträumt: mal in einem richtigen Bagger zu sitzen!
Geduldig erklärt der Baggerfahrer jeden Knopf und Hebel. Jetzt kommt sogar Papa interessiert näher.
„Willst du auch mal fahren?", fragt der Baggerfahrer.
„Darf ich das denn?", fragt Paul und schaut abwechselnd zu Papa und dem Baggerfahrer.
„Klar doch!", ruft er laut, als beide nicken.
Der Baggerfahrer nimmt Paul auf den Schoß und startet den Motor.

Stolz hält Paul das Lenkrad in den Händen und steuert den schweren Bagger. Er darf sogar die Schaufel hoch- fahren lassen, allerdings ohne Steine.

„So, jetzt muss ich aber weiterarbeiten", sagt der Baggerfahrer, stellt den Motor ab und hebt Paul wieder hinunter. „Sonst werden wir ja gar nicht fertig."

„Ach, das wäre doch nicht so schlimm", sagt Papa.

„Genau", sagt Paul. „Sie können ruhig noch länger hier baggern. Wenn ich im Kindergarten erzähle, dass ich Bagger gefahren bin, sind bestimmt alle neidisch."

„Danke!", ruft Papa noch, aber der Motor läuft schon wieder, sodass der Baggerfahrer ihn nicht mehr hört.

„So laut kommt es mir jetzt gar nicht mehr vor. Und wir fahren ja eh so selten mit dem Auto, da stört das mit den Parkplätzen gar nicht so", sagt er zu Paul, als sie zum Spielplatz an der Ecke gehen.

Männertag

Heute ist der Kindergarten geschlossen und Paul bleibt zu Hause. Papa hat sich extra freigenommen, damit die beiden mal einen richtigen Männertag machen können.

„Worauf hast du denn Lust?", fragt Papa Paul beim Frühstück.

„Ich will zu Oskar!", sagt Paul.

„Wer ist denn Oskar?", fragt Papa und gähnt.

„Der Dino. Da geht Mama nie mit mir hin."

„Das ist eine super Idee." Papa strahlt. „Genau das Richtige für einen Männertag. Und an einem Mittwochmorgen sind wir bestimmt die einzigen im Naturkundemuseum."

Eine halbe Stunde später stehen sie an der Straßenbahnhaltestelle. Paul hat sein T-Shirt mit dem Tyrannosaurus Rex angezogen, der sieht fast so gefährlich aus wie das große Skelett im Museum. Und Papa hat seine Schirmmütze aufgesetzt und den Rucksack mitgenommen, damit es ein richtiger Ausflug wird. Nach sechs Stationen steigen sie aus und laufen noch ein Stück.

Paul rennt die Stufen zum Naturkundemuseum hoch und ruft: „Es ist total leer an der Kasse!"

Als sie drinnen sind, sagt er: „Komm, wir gehen gleich zu Oskar."

„Das Beste am Ende. Lass uns Oskar doch bis zum Schluss aufheben", schlägt Papa vor.

Paul und Papa schlendern durchs Museum. Die Steine findet Paul nicht so richtig spannend, aber zu dem Gorilla Bobby gibt es eine tolle Geschichte, die Papa ihm von den Tafeln vorliest.

„Oskar wartet", sagt Papa. „Jetzt haben wir ihn endlich mal ganz für uns allein."

Als sie zum großen Saal rübergehen, hören sie plötzlich lautes Stimmengewirr.

„Oje, ich glaube, wir sind zu spät", stöhnt Papa.

Der ganze Raum ist voller Grundschulkinder. Die Jungs umringen das dreizehn Meter hohe Skelett des Brachiosaurus und die Mädchen laufen kichernd umher und werfen Papierkügelchen nach den Mitschülern.

„Guckt mal, der ist mit seinem Papa da", ruft ein Mädchen und zeigt mit dem Finger auf Paul. „Voll das Baby! Und was der für ein T-Shirt anhat!"

„Irgendwie hatte ich mir unseren Männertag anders
vorgestellt", sagt Papa und zieht Paul Richtung
Ausgang. „Wir holen uns jetzt Pommes und dann
gehen wir ins Kino. Es läuft grad Die Abenteuer des
kleinen Dinos. Das ist was für Männer."
„Au ja! Und wehe, da sind Mädchen!", sagt Paul
und streicht sein Dino-T-Shirt glatt.

Sternschnupfen

„Heute ist der Himmel besonders klar", sagt Papa und zeigt auf das Hochhaus in der Ferne. Paul und Papa stehen wie jeden Abend am Dachfenster und schauen hinaus auf die Stadt. Paul liebt es, mit Papa die Züge anzusehen, bevor er ins Bett muss.

Sie fahren direkt an ihrem Haus vorbei. Die Wohnung liegt ganz oben im fünften Stock und der Ausblick ist einfach toll.

„Guck mal, da kommt schon ein Zug!", ruft Paul. „Das ist ein Güterzug. Vielleicht ist der mit Steinen beladen. Oder mit Baumstämmen?"

Das Rattern wird immer lauter und der Zug nähert sich dem Haus.

„Hatschi", macht Paul, gerade als der Zug an ihnen vorbeidonnert. „Mist, jetzt hab ich gar nicht gesehen, was der Zug geladen hatte."

„Gesundheit", sagt Papa. Er zieht ein Taschentuch aus der Hosentasche.

„Danke", schnieft Paul. „Ich will nicht krank werden."

„So ein kleiner Schnupfen ist doch nicht schlimm.
Wusstest du eigentlich, dass auch Sterne manchmal
Schnupfen haben?"
Nein, davon hat Paul noch nie etwas gehört. Er sieht
Papa ungläubig an. Der greift nach dem Fernglas, das
auf dem Schrank neben ihnen liegt.
„Hier, schau mal in den Himmel. Vielleicht haben wir
Glück."
Paul hält sich das Fernglas vor die Augen.
Man kann heute wirklich sehr viele Sterne
sehen. Aber wie soll er erkennen, ob
einer der Sterne erkältet ist?
„Das ist doch Quatsch!", sagt Paul
und lässt das Fernglas sinken.
„Jetzt hab doch ein bisschen Geduld!",
sagt Papa. Paul lässt den Blick
hin und her gleiten und entdeckt
schließlich ein paar Sterne,
die besonders hell sind.
Ein weiterer Güterzug rumpelt
vorbei, dann wird es ganz still.
Plötzlich bemerkt Paul, wie
einer der Sterne funkelt und
größer wird.

Dann sieht er einen Lichtschweif, der durch die Luft
fliegt. Es sieht wunderschön aus!

„Gesundheit", sagt Papa.

Paul blickt ihn fragend an.

„Der Stern hat Schnupfen und musste grade niesen.
Zu dir sage ich doch auch Gesundheit."

Paul blickt noch einmal auf den Stern.

Und tatsächlich, anders als bei einer Sternschnuppe
ist der Stern nicht verschwunden, sondern steht
noch immer am Himmel. „Wie ...?"

„Psst", sagt Papa.

Und da glaubt Paul ein leises „Danke" zu hören,
bevor in der Ferne schon der nächste Güterzug
heranrattert.

Büro spielen

„Heute gehe ich nicht in den Kindergarten."
Paul stampft wütend mit dem Fuß auf.
„Jetzt setz dich doch erst mal wieder hin und
iss dein Brot", sagt Papa.
„Nur, wenn ich mit dir ins Büro gehen kann", sagt
Paul todernst.

„Der Kindergarten ist doch auch so eine Art Büro",
sagt Papa und schiebt ihn auf den Stuhl zurück.
„Dort gibt es jede Menge zu tun."
„Aber das ist alles langweilig", beschwert sich Paul.
„Ach was! Du nimmst einfach deinen Notizblock
und die Buntstifte mit."
Paul horcht auf und beißt in sein Marmeladenbrot,
das Papa ihm hinhält.
„Du zählst die Kinder. Für jeden, der vor dem Mor-
genkreis da ist, machst du einen grünen Punkt. Für
jeden, der zu spät kommt, einen gelben. Und für
die, die fehlen, einen roten. Dann zählst du die
Punkte."
„Machst du das auch so im Büro?", fragt Paul.
Papa nickt. „Ja, so ähnlich. Beim Mittagessen zählst
du die Kinder und guckst, ob noch alle da sind. Du
kannst dir auch notieren, wer die Suppe mag und wer
nicht. Und wer kein Fleisch isst, so wie du."
„Dann muss ich ja dauernd zählen und schreiben",
mault Paul.
„Was anderes mache ich auch nicht im Büro." Papa
nimmt den letzten Schluck Kaffee aus der Tasse.
„Komm, wir müssen uns fertig machen."
Als sie angezogen an der Tür stehen, sagt Papa:

„Jetzt hol noch schnell deinen Notizblock und die Buntstifte."

„Ach, weißt du, Büro ist mir doch zu langweilig. Ich nehm lieber mein Feuerwehrauto mit und spiel mit Bruno. Willst du nicht auch einfach bei mir im Kindergarten bleiben?", schlägt Paul vor.

„Liebend gern", antwortet Papa und seufzt. „Aber ich muss wohl Büro spielen."

Wanni, wanni, wanni

„Ab in die Wanne!", ruft Papa und räumt das
Geschirr vom Abendessen in die Maschine.
„Och nö", kommt es aus Pauls Zimmer zurück.
„Ich muss doch noch die Ritterburg fertig aufbauen."
„Kleine Ritter brauchen auch mal ein Bad. Du hast
ja schon eine richtige Rüstung aus Dreck. Ich lass
schon mal das Wasser ein", sagt Papa.
Papa wäscht sich die
Hände und summt „Wanni,
wanni, wanni, must be funny …"
vor sich hin, als Paul mit voll
beladenen Händen ins
Badezimmer kommt.
Wusch!, macht es, und
Papa dreht sich
erschrocken zur
Badewanne um.

„Was war das denn?"

„Meine Ritterburg. Du hast doch gesagt, dass Ritter auch mal ein Bad brauchen."

„So war das aber nicht gemeint! Na ja ... jetzt wo alles schon drin ist. Also los, ausziehen", sagt Papa.
Paul lässt sich zwischen die Ritter, Pferde und Burgmauern ins warme Wasser gleiten. Paul und Papa türmen riesige Schaumberge auf, die die Ritter mit ihren schweren Rüstungen erklimmen. Ein Ritter stürzt auf seinem Pferd ab und droht zu ertrinken.

„Puh, gerettet", schnauft Paul und hält den Ritter in seiner Hand. „Zum Glück sind Ritter nicht wasserscheu."

„Ach ja?", sagt Papa. „Dann macht es dir bestimmt nichts aus, wenn ich dir jetzt die Haare wasche.
Paul stöhnt leise. Haare waschen ist so ziemlich das Blödeste, was es gibt. Wenn das Wasser über die Augen läuft, hat er immer für einen kurzen Moment Angst zu ertrinken. Obwohl er weiß, dass ihm das in der Badewanne mit Papa daneben nicht passieren kann.

„Nö, Quatsch, ich bin doch kein Baby!", sagt Paul
aber cool und setzt sich gerade hin.

Als Papa den Duschstrahl auf seinen Kopf richtet, beißt
Paul die Zähne zusammen. Und als Papa das Shampoo
wieder rauswäscht, schließt er seine Hand so fest um
den Ritter, dass sich das Schwert in seine Hand bohrt.

„Super, du tapferer Ritter", sagt Papa. „So still hast du
ja noch nie gehalten."

Stimmt, denkt Paul und merkt, dass es gar nicht so
schlimm war.

„Mmmh", macht Mama und gibt ihm einen Gutenacht-
kuss. „Frisch gewaschene Haare!"

Als er im Bett liegt, hat Paul den kleinen Ritter noch
immer in der Hand. Papa liest ihm eine Geschichte von
Ritter Rost vor und Paul fallen schon die Augen zu.

Er dreht sich zur Seite, Papas Stimme wird immer leiser
und er beginnt zu träumen. Von riesigen Schaum-
bergen, die er erklimmt, und Wasserfällen, die ihm
absolut keine Angst machen.

„Wanni, wanni, wanni", summt Papa leise, als er das
Licht ausmacht.

Lakritz ist kein
Abendessen

„Was willst du heute Abend essen?", fragt Papa Paul,
als sie nach Hause kommen.

„Lakritz!", ruft Paul.

„Lakritz ist doch kein Abendessen", sagt Papa. „Ich
kann Nudeln machen oder wir essen Brot."

„Ich will aber Lakritz", sagt Paul.

„Das kommt nicht infrage", sagt Papa. „Lakritz ist viel
zu ungesund und außerdem bekommt man davon ganz
schwarze Zähne. Ich mach uns leckere Spaghetti mit
Tomatensoße."

Paul ist nicht gerade begeistert, aber es könnte auch
Schlimmeres geben als Spaghetti mit Tomatensoße.
Brokkoli zum Beispiel oder Spinat.

Paul hilft Papa beim Kochen. Die Spaghetti darf er
zwar nicht in den Topf tun, weil sonst das heiße
Wasser spritzen könnte, dafür rührt er um und gibt
Salz und Pfeffer in die Tomatensoße.

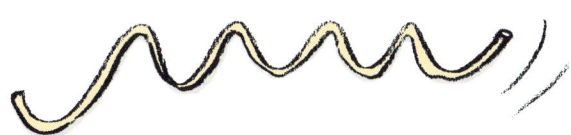

Papa reibt Parmesan über die Nudeln, und Paul merkt, dass er ziemlich großen Hunger hat.

Paul und Papa machen ein Spaghetti-Wett-Schlürfen und die Soße spritzt nur so herum. Auf Papas und Pauls T-Shirts sind lauter rote Flecken.

„Gewonnen!", ruft Paul, als die letzte Nudel in seinem Mund verschwindet.

„Das ist gemein", sagt Papa mit verschmiertem Mund. „Meine Portion war viel größer!"

„Hihi", kichert Paul, als auch Papa fertig ist. „Dein Mund sieht aus wie von einem Monster!"

„Deiner auch", sagt Papa und schneidet eine Grimasse. „Wir waschen uns einfach gleich die Gesichter, mit ein bisschen Seife ist die Soße ruckzuck weg."

„Dazu würden schwarze Zähne richtig gut passen",
sagt Paul. „Und mit ein bisschen Zahnpasta gehen
die Lakritzreste ruckzuck weg."

„Na, okay. Hol dir als Nachtisch noch ein
Stück Lakritz aus der Dose", sagt Papa und
muss grinsen.

Später stehen Papa und Paul zusammen
vor dem Spiegel und schneiden monstermäßige
Grimassen.

„Und jetzt gut Zähne putzen", sagt Papa mit seiner
Monsterstimme und hält Paul die Zahnbürste hin.

„Und Gesicht waschen!", fügt Paul hinzu und hält Papa
den Waschlappen hin.

Ecken in die Ecke

„Wo ist denn nur das Teil mit der Baggerschaufel?",
sagt Paul und sucht auf dem Tisch herum.

„Da, neben der Tasse", sagt Mama, und ihr Kopf verschwindet wieder hinter der Zeitung.

Paul liebt Puzzles. Papa sagt immer: „Ecken in die Ecke.
So fängt man am besten an. Der Rest ergibt sich von
selbst."

Früher hat Paul noch Puzzles mit zwölf oder fünfzehn
Teilen gemacht. Jetzt schafft er schon welche mit über
fünfzig Teilen. Und jedes Mal, wenn er anfängt, hat er
Papas Satz im Kopf.

So geht es ganz leicht. Erst die Ecken in die Ecken,
dann die Ränder an den Rand. Und am Schluss die
Mittelteile. Das muss er Papa zeigen.

„Wann kommt Papa denn wieder?", fragt Paul.

„Der müsste bald vom Baumarkt zurück sein. Bestimmt
taucht er gleich mit dem neuen Regal für dein Zimmer
auf", tönt es hinter der Zeitung hervor.

Da hören sie auch schon ein lautes Rumpeln vor der
Tür. Der Schlüssel dreht sich im Schloss und Papa hievt
ein riesengroßes Paket in den Flur.

„Du machst das Flugzeugpuzzle, ich bau das Regal auf.
Wer zuerst fertig ist, hat gewonnen", sagt Papa und
macht den Karton auf. „Mann, sind das viele Teile!",
stöhnt er.

„Bestimmt nicht mehr als das Flugzeugpuzzle!", sagt
Paul.

„Braucht irgendjemand Hilfe?", fragt Mama.
Papa und Paul schütteln die Köpfe und machen sich
an die Arbeit.

Paul beginnt mit den Ecken, legt dann die Ränder
und nach ein paar Minuten ist er schon bei den Mittel-
teilen. Hier noch die Turbine und da den Tankwagen,
dann ist er fertig.

„Fertig!", ruft Paul und geht zu Papa. „Ich hab gewonnen. Was ist denn das für ein Chaos hier?"

Papa hält ein Teil hoch: „Ich habe keine Ahnung, wo das hinsoll."

Paul setzt sich zu ihm. „Sieht aus wie 'ne Ecke. Ecken in die Ecke, würd ich sagen."

„Stimmt, das könnte ein Winkel sein. Mal sehen … Ja, es passt!" Papa strahlt. „Und das hier?"

„Ränder an den Rand", sagt Paul.

„Hmm, stimmt, vielleicht ist das die Leiste hier vorne … Super, Paul!", sagt Papa.

Nach zehn Minuten sind alle Teile an ihrem Platz. Mit dem Akkuschrauber schraubt Papa sie ruckzuck zusammen.

„Ohne dich hätte ich das nie geschafft", sagt Papa und klopft Paul auf die Schulter. „Jetzt müssen wir das Regal nur noch einräumen.

Paul und Papa gucken sich an.

„Mama!", ruft Paul. „Ich glaube, wir brauchen jetzt doch mal deine Hilfe!"

Geburtstagskuchen für Mama

„Heute backen wir nach dem Kindergarten einen Kuchen für Mama", sagt Papa. „Sie hat doch morgen Geburtstag."

„Au ja!", sagt Paul. „Einen Marmorkuchen!"

Um Punkt vier holt Papa Paul ab und sie gehen zum Supermarkt gegenüber, um die Zutaten zu kaufen.

„Mist, jetzt habe ich die Einkaufsliste vergessen", sagt Papa. „Was brauchen wir denn?"

„Eier, Butter, Zucker, Mehl", zählt Paul auf.

„Gut! Und Kakao für den dunklen Teil", sagt Papa und legt eine Schachtel Eier in den Wagen.

Zusammen suchen sie die anderen Zutaten und gehen dann zur Kasse.

Zu Hause packen sie alles aus und legen es auf den Küchentisch.

„Wo ist denn jetzt das Rezept?", sagt Papa und wühlt in einem Stapel Papier herum. „Ach, das kann ja nicht so schwer sein. Wir machen das aus dem Kopf!"

„Erst muss man die Butter mit dem Zucker verrühren", sagt Paul und holt den Mixer aus dem Schrank.

„Stimmt, und dann macht man nach und nach die Eier
dazu", ergänzt Papa. „Und später das Mehl und
den Kakao, das ist doch kinderleicht!"
Paul hält den Mixer und Papa schlägt die Eier auf.
Als sie das Mehl in die Schüssel schütten und alles
verrühren, gibt es eine riesige Staubwolke.
Am Schluss teilen sie den Teig in zwei Hälften und
fügen bei der einen den Kakao hinzu. Wieder gibt
es eine große Staubwolke, aber diesmal ist sie braun.

„Fertig!", sagt Paul, als sie mit einer Gabel das
Marmormuster in den Teig gemacht haben und
den Kuchen in den Ofen schieben.

„Und jetzt aufräumen, bevor Mama kommt", sagt
Papa. Paul murrt. Lieber will er die Schüssel aus-
schlecken, in der noch Teigreste kleben.

Plötzlich hören sie den Schlüssel im Schloss. „Du darfst
nicht in die Küche, Mama!", ruft Paul und macht
schnell die Tür zu.

„In Ordnung", sagt Mama. „Mmmh, wonach riecht
es denn hier? Und warum hast du so eingestaubte
Haare?"

Stolz steht Paul vor dem Backofen und wartet darauf,
dass der Kuchen aufgeht. Aber irgendwie wird er gar
nicht größer, so wie beim letzten Mal, als er mit Mama
Marmorkuchen gebacken hat.

Pünktlich zum Abendessen ist der Kuchen fertig und
Paul und Papa stellen ihn zum Abkühlen auf den
Balkon. Jetzt darf auch Mama wieder in die Küche.

Am Abend, als Mama Nachrichten guckt, machen Paul
und Papa noch eine Schokoglasur auf den Kuchen und
verzieren ihn mit Kerzen.

„Da wird Mama sich aber freuen", sagt Papa.

„Obwohl der Kuchen wirklich etwas klein aussieht."

Am nächsten Morgen ist Paul schon früh wach. Er holt den Kuchen aus der Küche und findet die Streichhölzer in der Versteckschublade. Papa zündet die Kerzen an und sie wecken Mama mit einem lautem „Happy Birthday".

„So einen tollen Kuchen hab ich ja noch nie bekommen!", sagt sie und strahlt.

Noch im Bett schneiden sie den Kuchen an. „Komisch, der ist so fest", sagt Papa und muss mit dem Messer richtig säbeln.

„Habt ihr vielleicht das Backpulver vergessen?", fragt Mama und beißt in den Kuchen.

Papa und Paul gucken sich entsetzt an.

„Macht doch nichts", sagt Mama, und dabei fliegen ihr die Krümel nur so aus dem Mund. „Das ist der leckerste Geburtstagskuchen, den ich je hatte. Aber könnte ich dazu vielleicht noch einen Geburtstagskaffee zum Nachspülen bekommen?"

Der Buddha-Mann

„Da ist der Buddha!", ruft Paul und zeigt auf die ver-
goldete Statue. „Mann, hat der einen dicken Bauch.
Und warum hat er immer die Augen zu?"
„Weil er meditiert. Er denkt ganz viel nach und träumt.
Oh, da kommt schon unser Essen", sagt Papa.
„Erbsen und Rahmkäse für den kleinen Buddha", sagt
die Bedienung und stellt den Teller vor Paul hin.
Paul verzieht das Gesicht. Das ist aber nicht nett von
der Bedienung! Doch als ihm der leckere Duft in die
Nase steigt, kann er nicht mehr böse sein.
Heute ist Samstag und nach dem anstrengenden Ein-
kauf auf dem Markt haben sich Paul und Papa eine
Stärkung beim Inder verdient.
„Es ist doch toll, mit Buddha verglichen zu werden",
sagt Papa. „Buddha ist sehr schlau und weise."
„Aber er hat so einen dicken Bauch", sagt Paul und
schiebt sich eine volle Gabel in den Mund. „Mmmh,
ist das lecker!"
Ruckzuck leert sich der Teller und auch bei Papa bleibt
kein Reiskorn übrig.
„Komm, wir gehen noch auf den Spielplatz", sagt Papa,

als sie auch das Mango-Lassi ausgetrunken haben.
Der Spielplatz an der Ecke ist fast leer, nur ein dicker
Mann sitzt mit geschlossenen Augen auf einer der
beiden Parkbänke und lässt sich die Sonne ins Gesicht
scheinen.

„Guck mal, hier gibt's auch einen Buddha", sagt Paul
und zeigt auf den Mann.
„Psst!", macht Papa. „Nicht, dass er das hört!"
„Na, Kleiner! Wusstest du, dass Buddha ‚der Erwachte'
heißt?", ertönt plötzlich eine tiefe Stimme.

Paul erschrickt ordentlich und Papa dreht sich
beschämt weg.

Jetzt öffnet der Mann ein Auge und lächelt. Papa
entspannt sich und setzt sich auf die zweite Parkbank.

„Auch wenn er aussieht, als ob er schläft, ist er im
Geist hellwach", sagt der Buddha-Mann.

„Echt?" Paul merkt, dass der Mann ihm nicht böse ist,
und kommt näher.

„Buddha wurde in Indien geboren. Weißt du, wo das
ist?", fragt der Mann.

„Na klar!", sagt Paul. „Da vorne, da ist doch das
Restaurant."

„Na ja, nicht so ganz", sagt der Buddha-Mann. Paul
setzt sich zu ihm auf die Bank und der Buddha-Mann
fängt an zu erzählen. „Indien ist ein sehr großes Land
in Asien ..."

Irgendwann werden sie von einem lauten Schnarchen
unterbrochen. Paul blickt zur anderen Parkbank, wo
Papa eingenickt ist.

Paul steht auf und stupst Papa an. Doch der schläft
seelenruhig weiter. „Ich glaub, mein Papa ist kein
Buddha", sagt Paul. „Der schläft wirklich."

Zwillinge

„Papa, ich will einen Zwillingsbruder haben, dann muss ich nicht immer alleine spielen", jammert Paul und tritt so fest gegen den Memory-Karton, dass die Spielkarten durchs ganze Zimmer fliegen.

„Ich spiele doch mit dir. Außerdem ist es für einen Zwilling jetzt zu spät", sagt Papa und sammelt die Karten wieder ein.

„Wieso das denn?", fragt Paul.

„Na ja, weil man einen Zwilling nicht einfach im Laden kaufen oder im Internet bestellen kann. Der hätte schon zusammen mit dir in Mamas Bauch sein müssen", erklärt Papa. „Zwillinge sind ja schließlich immer gleich alt."

„Nein", sagt Paul. „Benjamin aus dem Kindergarten ist fünf Minuten älter als Jonathan."

„Ja, okay", sagt Papa. „Sie können ja auch schlecht gleichzeitig hinauspurzeln. Aber sie wurden kurz nacheinander am gleichen Tag geboren."

„Auf jeden Fall ist es mit einem Zwilling nie langweilig", sagt Paul.

„Das stimmt, aber dafür musst du auch alles teilen:
Spielsachen, Essen, alles. Auch Mama und Papa", sagt
Papa und setzt sich zu Paul auf den Boden.

„Dann würde ich deinen Kopf und die Arme nehmen",
sagt Paul und verteilt die Memorykarten.

„Und wie sollen wir dann noch zusammen Fußball spielen? Nein, im Ernst: Wir hätten dann auch nur halb so
viel Zeit für dich", sagt Papa. „Du fängst an."

Paul deckt zwei Karten auf. „Ich bräuchte euch dann ja
gar nicht mehr", sagt Paul und dreht eine wieder um.
„Du bist dran."

„Aha? Und wer bringt euch in den Kindergarten,
macht das Essen und wäscht die Wäsche?",
fragt Papa und deckt ebenfalls zwei Karten auf.

„Wir essen Tiefkühlpizza und ich zieh jeden
Tag meinen gestreiften Pulli an, den mag ich
eh am liebsten. Da, ein Pärchen!" Stolz legt
Paul zwei Karten zur Seite. „Ich darf noch mal!"
Pauls Stapel wird immer größer. Bald liegen nur
noch fünf Karten auf dem Boden.

„Ich bin dran", sagt Papa und reibt sich die Hände.
„Ich hole noch auf!" Er deckt die letzten beiden
Pärchen auf und legt sie auf seinen Stapel, der
trotzdem nur halb so hoch ist wie der von Paul.

„Gewonnen!", ruft Paul und schiebt seinen Stapel
neben Papas. Auf dem Boden liegt noch eine einzelne
Karte mit einem Jungen auf einem Roller drauf.
„Komisch, wo ist nur der zweite Rollerjunge?"
Schnaufend kommt Mama zur Tür herein. „Entschul-
digt, dass ich so spät bin. Heut war wieder was los
bei der Arbeit! Tiefkühlpizza zum Abendessen?",
fragt sie.

Paul und Papa schauen sich an und müssen lachen.

„Au ja!", sagt Paul.

„Sind denn noch genug da?", fragt Papa.

„Genau drei", sagt Mama. „Keiner muss teilen."

Manchmal ist es doch ganz gut, keinen Zwilling zu haben, denkt Paul. Und als er die Pizzaverpackungen zum Altpapierkarton bringt, sieht er darin die zweite Karte mit dem Rollerjungen liegen. Fürs nächste Memoryspiel mit Papa, denkt er, und schiebt die Karte in seine Hosentasche.

Zirkus

„Toll!", staunt Paul, als die Tiger in die Manege laufen.
Der Zirkus Zepter ist gerade zu Gast in der Stadt und
Papa hat Paul am Morgen mit zwei Karten überrascht.
Paul rückt ein bisschen näher an Papa heran. Gebannt
folgen sie der Tigernummer. Als Nächstes kommen die
Trapezkünstler. Paul ist begeistert. Auch die Elefanten
sind wirklich gut. Sie stellen sich auf die Hinterbeine
und heben den Dompteur mit ihrem Rüssel hoch in die
Luft. Dann legt sich der Dompteur auf den Boden und
die Elefanten steigen vorsichtig über ihn hinüber.
„Da hätte ich aber Angst", sagt Paul und klammert sich
an Papa fest.
„Die sind eben gut dressiert", sagt Papa. „Sie machen
alles, was der Dompteur ihnen sagt. Da könntest du dir
mal eine Scheibe von abschneiden."
„Wieso eine Scheibe abschneiden? Vom Dompteur?",
fragt Paul verwirrt.
„Nein, das sagt man nur so", sagt Papa. Als sein Nach-
bar ihn etwas genervt anschaut, redet er im Flüsterton
weiter. „Wenn man sich bei jemandem etwas abgucken
kann."

Paul sieht ihn immer noch fragend an.

„Na, weil sie auf das hören, was der Dompteur will.
Das kann man von dir nicht immer behaupten", erklärt
Papa weiter.

Nach der Elefantennummer kommt noch die Seiltänzerin und dann erscheinen alle Tiere und Künstler
gemeinsam in der Manege. Das Publikum applaudiert
begeistert. Auch Paul klatscht minutenlang.

„Puh, jetzt aber raus hier", stöhnt Papa, als sie sich durchs Gedränge Richtung Ausgang schieben.

„Komm, wir gehen hier hinter dem Zelt entlang, dann kommen wir direkt zur Bushaltestelle", sagt er.

Am Hinterausgang des Zeltes stehen einige Zirkusleute zusammen. Papa grüßt sie freundlich, als sie vorbeigehen.

„Und, hat es dir gefallen?", fragt eine Seiltänzerin und schaut Paul an.

„Ja", sagt dieser leise und Papa springt ihm bei: „Oh ja, es hat uns sehr, sehr gut gefallen", sagt er und lächelt.

„Wo geht's denn mit dem Zirkus als Nächstes hin?"

Paul zieht Papa an der Hand und sagt: „Papa, wir müssen zum Bus!"

Doch Papa unterhält sich angeregt mit den Zirkusleuten. „Papa!", wiederholt Paul mehrmals.

Endlich kann er Papa wegziehen. „Es war wirklich ganz wunderbar!", sagt dieser noch im Gehen. „Auf Wiedersehen!"

Da sehen sie, wie der Bus näher kommt und an der Bushaltestelle anhält.

„Hoffentlich schaffen wir das noch!", sagt Papa und fängt an zu rennen.

„Nicht so schnell", ruft Paul.

„Mist, jetzt haben wir ihn verpasst!", sagt Papa und bleibt abrupt stehen.

„Du könntest dir auch mal eine Scheibe abschneiden", sagt Paul und hockt sich hin.

„Von wem?", fragt Papa keuchend.

„Na, von den Elefanten. Du hörst ja auch nicht, wenn ich dir etwas sage."

Aufräumen

„Ich find's schön, dass wir zusammenwohnen, aber
wenn ich groß bin, will ich euch nicht mehr dauernd
sehen", sagt Paul und nimmt den roten Stift.
Papa schluckt und der Reifen, den er gerade an das
Feuerwehrauto malt, hat plötzlich einen Platten.
„Wieso das denn?", fragt er.
„Weil ich dann mit meinen Freunden Bruno und Max
in einer WG wohne. So wie Onkel Joni. Ihr freut euch
doch auch nicht immer, wenn Oma und Opa zu
Besuch kommen."
„Stimmt", sagt Papa,
„die kommen ja morgen.
Wir müssen noch
aufräumen."

Paul stöhnt. „Aber erst malen wir das Feuerwehrauto fertig. Und das Feuer!"

„Tatütata", ruft Paul noch immer, als er widerwillig seine Spielsachen in die großen Holzkisten räumt. Paul hasst aufräumen. Das müssen sie im Kindergarten schon dauernd machen. Aber im Gegensatz zu Papa freut Paul sich darauf, dass Oma und Opa zu Besuch kommen. Sie bringen ihm immer etwas mit und spielen stundenlang mit ihm, ohne dass sie nebenbei noch mal schnell ihre E-Mails lesen oder aufpassen müssen, dass das Nudelwasser nicht überkocht. Plötzlich entdeckt Paul in einer der Holzkisten ganz unten das uralte Polizeiauto von Papa.

„Guck mal, das ist doch noch von dir, oder?", sagt er zu Papa.

„Oh ja, das hat Opa mir mitgebracht, als er von seiner Amerikareise zurückkam. Ich weiß es noch genau."

Papa setzt sich neben Paul auf den Boden und klappt die Türen des Polizeiautos auf.

„Weißt du, Opa war früher oft weg. Immer musste er arbeiten. Und wenn er dann von seinen Reisen zurückkam, gab's zwar immer ein Geschenk, aber Zeit für mich hatte er trotzdem nicht."

Plötzlich sieht Papa ganz traurig aus. Paul legt Papa die Hand auf die Schulter. „Ich glaub, hier hat es grad einen großen Unfall gegeben. Auf zum Polizeieinsatz!"

Es rummst laut, als Paul die Kiste mit den Autos ausleert. Es wird eine richtige Massenkarambolage und sie brauchen vier Polizeiautos, drei Krankenwagen und sogar einen Rettungshubschrauber, um die Verletzten zu bergen.

„Wie sieht's denn hier aus?", unterbricht sie plötzlich eine Stimme.

Mama steht im Türrahmen und sieht gar nicht erfreut aus. „Ich dachte, ihr wolltet aufräumen!"

„Jaaaa", sagt Papa.

„Wir haben auch schon angefangen, aber dann kam etwas dazwischen", springt Paul ihm bei.

„Okay, ich mach das Abendessen, und wenn es in einer halben Stunde fertig ist, sieht es hier tiptop aus", sagt Mama und verschwindet.

„Puh!", sagt Papa und rollt mit den Augen.

Paul und Papa denken sich ein Aufräumspiel aus und so sind sie sogar schneller fertig als Mama mit dem Abendessen.

„Weißt du was, jetzt freue ich mich auch auf den Besuch von Oma und Opa. Eigentlich ist es doch schön, dass Opa jetzt endlich Zeit hat", sagt Papa zu Paul, als sie sich die Hände waschen.

„Und ich find es gar nicht schlimm, wenn ihr mich später doch öfter in der WG besucht", sagt Paul und lässt die Seife durch die Hände in Richtung Papa flutschen. „Denn noch lieber als mit Opa spiel ich eigentlich mit dir. Und beim Aufräumen darfst du mir dann auch helfen."

Papa fängt die Seife und grinst.

Brasilikum

„Bäh, das mag ich nicht", sagt Paul. Sie sitzen auf
ihrem Lieblingsplatz in der Pizzeria und Paul pult
grüne Blätter von seiner Pizza Margherita.
„Das ist Basilikum und das hat dir letztes Jahr, als wir
in Italien waren, sehr gut geschmeckt", sagt Papa und
beißt in seine Thunfischpizza. „Eigentlich könnten wir
doch dieses Jahr wieder nach Italien fahren", schlägt
er vor.
Paul verzieht das Gesicht. „Italien ist doof. Ich will
ganz weit weg, nach Afrika oder Amerika! Oder nach
Brasilikum, wo die Fußball-Weltmeisterschaft war."
„Brasilien, meinst du? Das ist viel zu weit. Der Flug
dauert über zwölf Stunden!", sagt Papa und kramt
seinen Kalender aus dem Rucksack. Ganz hinten ist
eine Weltkarte drin und er zeigt Paul, wo Brasilien
liegt. „Da ist es außerdem ganz schön gefährlich.
In den Städten wird man oft ausgeraubt und im
Dschungel gibt es wilde Tiere."
„In Italien ist dir letztes Jahr doch auch das Portemonnaie geklaut worden", entgegnet Paul. „Und
die Fahrt mit dem Auto hat ewig gedauert."

„Stimmt, aber in Italien ist das Wetter meistens gut und das Essen ist auch lecker. Los, iss mal deine Pizza weiter, bevor sie ganz kalt ist", sagt er zu Paul.
Paul nimmt einen großen Bissen. „Aber Pizza und Nudeln essen wir doch auch hier andauernd", sagt er mit vollem Mund.
„Da hast du recht. Aber irgendwie schmeckt es da noch mal anders. Besonders das Basilikum", schwärmt Papa und schnappt sich ein Blatt von Pauls Tellerrand. „Aber dabei fällt mir ein: Mama und ich wollten schon immer mal ins Baltikum." Papa schlägt die Weltkarte wieder auf und zeigt Paul, wo das Baltikum ist.
„Ist es da nicht langweilig?", fragt Paul.
„Nein, überhaupt nicht", sagt Papa und winkt dem Kellner, um zu zahlen.
„Da gibt es tolle Strände und auch wilde Tiere, Elche zum Beispiel."

„Echt?", sagt Paul begeistert. „Wie niedlich!"

„Die können auch ganz schön gefährlich sein. Aber nur, wenn sie sich angegriffen fühlen. Und da wir keine Jäger sind, haben sie von uns ja nichts zu befürchten", sagt Papa.

Der Kellner erscheint am Tisch und Papa zückt das Portemonnaie. „Grazie", sagt der Kellner und bedankt sich für das Trinkgeld. „Äh, Sie haben da noch was zwischen den Zähnen."

„Brasilikum?", fragt Paul und muss grinsen.

„Si", sagt der Kellner. „Ich persönlich mag dieses Grünzeug ja nicht besonders, aber in meiner Heimat sind sie ganz verrückt danach. Da ist mir das hier schon lieber." Er hält Paul eine italienische Schokolade hin und zwinkert ihm zu.

„Also: Italien oder Baltikum?", fragt Papa, als sie nach Hause gehen.

„Italien", sagt Paul. „Da sind die Leute so nett."

Geschichten erzählen

„Papa, erzähl von früher, als du klein warst", sagt Paul und zupft ihn am Karohemd.

„Schon wieder?", fragt Papa und grübelt. „Mal gucken, ob mir was einfällt."

Paul schaut ihn erwartungsvoll an.

„Ah ja", sagt Papa. „Als ich ein bisschen älter war als du, hatte ich eine Bande. Mit Peter und Martin zusammen. Wir waren die Indianer und drei andere Jungs aus dem Dorf waren die Cowboys. Wir haben im Wald Buden gebaut, uns versteckt und den anderen aufgelauert. Dann haben wir die Buden der Cowboys zerstört und Stolperfallen gebaut. Das war lustig, aber manchmal auch ganz schön gefährlich."

„Wir können doch zu deiner Geschichte noch Bilder malen und ein richtiges Buch machen!", schlägt Paul vor und schnappt sich Stifte und Papier. „Hilfst du mir, die Indianer zu malen?"

Papa nimmt einen Stift. „Du malst den Kopf und den Kör-per mit Armen und Beinen und ich den Indianerschmuck."

Paul schiebt die Zunge heraus, weil er sich so doll konzentriert beim Malen.

„Und jetzt noch die Bude", sagt Paul und schiebt Papa
das Blatt hin.
Sie schreiben einen kurzen Text darunter und machen
sich dann an das nächste Bild, auf dem die Cowboys
zu sehen sind.

„Bücher zu schreiben, macht Spaß", sagt Paul, als sie
mit der Geschichte fertig sind.
„Dann kannst du ja später Schriftsteller werden", sagt
Papa. „So heißen die Leute, die Bücher schreiben."
Paul grinst. „Cool. Ich weiß auch schon, wie mein erstes
richtiges Buch heißt: ‚Johnny fällt die Treppe runter'."
„Und, was passiert in der Geschichte?", fragt Papa.

„Na, Johnny fällt die Treppe runter. Du kannst ja die Bilder malen. Später gibt es dann auch einen Film und die Musik dazu", sagt Paul und schnappt sich seine Kindergitarre. „Die klingt so: Joh-nny fällt die Trep-pe run-ter!"

„Wow, nicht schlecht", sagt Papa. „Aber wenn du mit dem Namen der Geschichte schon alles verrätst, dann ist es doch nicht mehr spannend."

Paul hört auf, Gitarre zu spielen. „Na ja, es kommt doch darauf an, wie er die Treppe runterfällt. Und ob er sich wehtut und warum überhaupt. Das ist doch das Spannende."

„Okay", sagt Papa. „Das musst du wissen. Du bist schließlich der Schriftsteller. Ich mal nur die Bilder dazu."

Verreisen

„Paul, zieh jetzt bitte deine Schuhe an!", ruft Papa
ungeduldig. „Sonst verpassen wir den Zug und können
Onkel Joni nicht besuchen."
Paul kommt mit seiner Klapperschlange aus dem
Zimmer. „Die muss auch noch mit", sagt er.
Papa zieht Paul die Schuhe an und streift ihm die
Jacke über. „Dann pack die Schlange schnell ein.
Wenn sie überhaupt noch in deinen Rucksack passt."
Er schnappt sich die große Reisetasche und setzt Paul
seinen Rucksack auf den Rücken. „Los jetzt."
Sie nehmen die Straßenbahn und fahren zum Bahn-
hof. Dort kaufen sie belegte Brötchen und eine
Zeitschrift für Papa.
Auf dem Bahnsteig müssen sie noch zehn Minuten
warten, dann fährt der Zug ein.
„Wir sitzen im Großraum", sagt Papa. „Wagen acht."
Sie suchen die reservierten Plätze und verstauen ihr
Gepäck.
„Ich habe jetzt schon Hunger", sagt Papa und holt die
Brötchentüte heraus. „Du auch?" Paul nickt.
„Reisen macht hungrig", sagt Papa.

Nach dem Essen malt Paul in seinem Malbuch und
Papa liest. Die Landschaft draußen wird immer hügeliger.
„Blöder Zug", mault Paul. „Der wackelt so doll, dauernd fallen meine Stifte runter."
Papa schaut von seiner Zeitschrift auf. „Stimmt, das
ist echt ein Wackelzug. Dabei fällt mir eine Geschichte
ein: Ich habe mal gelesen, dass zwei Männer in einem
ICE eine große Tonne mit handgroßen Krabben dabei-
hatten. Als der Zug gewackelt hat, ist die Tonne
umgekippt, der Deckel ist von der Tonne gerutscht
und Hunderte Krabben liefen durch den Zug."
Mit der Hand macht Papa eine Krabbe nach.

Paul kreischt. „Es gab wildes Geschrei und Durcheinander und der Zug musste im nächsten Bahnhof anhalten", erzählt Papa weiter. „Die Polizei hat dann die Tiere wieder eingesammelt."

„Cool", sagt Paul. „Das war bestimmt spannend!"

„Bestimmt", sagt Papa. „Aber der Zug hatte dadurch total viel Verspätung und die Leute waren sauer."

Plötzlich kreischt jemand hinter ihnen laut auf. Papa dreht sich um und schaut über die Lehne nach hinten. Dort sitzt eine ältere Dame, die verängstigt auf den Boden guckt.

„Kann ich Ihnen helfen?", sagt Papa besorgt.

„Da ist eine Schlange!", ruft die Frau.

Paul und Papa schauen sich an und müssen lachen.

„Das ist doch keine echte Schlange", sagt Papa. „Heb sie mal auf, Paul."

Paul steht auf und nimmt die Schlange. „Entschuldigung", sagt er. „Die ist aus meinem Rucksack gerutscht."

„Ich muss mich entschuldigen", sagt die Frau. „Ich habe meine Brille nicht auf und sie sah so echt aus."

„Zum Glück haben Sie nicht gleich die Polizei gerufen", sagt Paul. „Dann würden sie den Zug anhalten und wir hätten Verspätung."

Den Rest der Fahrt hält Paul die Schlange ganz fest in der Hand. „Was wollten die Männer eigentlich mit den Krabben?", fällt ihm plötzlich ein.

„Die waren für ein chinesisches Restaurant bestimmt. Zum Essen", sagt Papa und macht mit seiner Hand wieder eine Krabbe nach.

„Iiieh", ruft Paul.

„Dann doch lieber Käsebrötchen", sagt Papa. „Willst du noch eins?"

„Au ja", sagt Paul. „Reisen macht wirklich hungrig."

Tag der offenen Tür

„Bald ist wieder Tag der offenen Tür bei der Feuerwehr", sagt Papa zu Paul, als sie auf dem Balkon
stehen und draußen lautes Tatü-tata hören.
„Da gehen wir hin!"
„Au ja", ruft Paul begeistert.
„Was heißt eigentlich ‚Tag
der offenen Tür'?" Er
nimmt seine Wasser-
pistole, hält sie in den
Eimer, der neben ihm
steht, und spritzt
vorsichtig die Blumen nass.
„Dass die Türen offen stehen
und jeder kommen und gucken kann", erklärt Papa.
„Pass auf, dass du die Leute unten nicht
nassspritzt. Die wundern sich sonst, dass es plötzlich
regnet."
„Dann können wir doch auch mal einen Tag der
offenen Tür machen", sagt Paul.
„Wer soll denn da kommen? Und was sollen sich die
Leute hier angucken?", fragt Papa verwundert.

Paul hält seine Wasserpistole hoch: „Meine Spielsachen. Meine Pistole, meinen Feuerwehrhelm und so."

„Ich weiß nicht, ob das so interessant ist", sagt Papa. „Hier kommt ja auch keiner vorbei. Wir wohnen doch ganz oben. Und wildfremde Leute wollen wir sowieso nicht in der Wohnung haben."

Von unten ist ein Kreischen zu hören. Papa guckt Paul streng an: „Hast du jetzt doch über die Balkonbrüstung gespritzt?"

„Nur ein paar Tropfen. Wie ein kleiner Sommerregen."

„Das geht nicht, Paul. Wir sind hier nicht bei der Feuerwehr. Die machen das manchmal an ganz heißen Tagen. Dann spritzen sie die Straße nass und die Leute können sich abkühlen."

„Ist dann auch Tag der offenen Tür?", fragt Paul.

„Nein, eher Tag der offenen Leitung", sagt Papa. „Wenn du weiter mit Wasser spritzen willst, müssen wir ins Freibad. Die haben aber nur noch zwei Stunden offen, wir müssen uns also beeilen."

„Au ja!", ruft Paul. „Ist danach Tag der geschlossenen Tür?"

Papa packt die Badesachen zusammen. „Na ja, eher Nacht der geschlossenen Tür. Und jetzt komm, bevor die Tür wirklich zu ist."

Eis essen

„Ich will ein Eis", ruft Paul, als Papa und er auf dem
Rückweg vom Einkaufen an der Eisdiele vorbeikommen.
„Oh nein", stöhnt Papa. „Ich bin zu voll gepackt. Ich
will da jetzt nicht rein."
„Ach, bitte", bettelt Paul.
„Okay, du kannst eine Kugel haben", sagt Papa.
Er stellt die Einkaufstüten ab und zieht das Porte-
monnaie aus der Hosentasche. „Aber du musst sie dir
selbst kaufen. Hier ist ein Euro."
Paul zögert kurz, dann nimmt er das Geldstück aus
Papas Hand und stapft in den Laden. Papa beobachtet
von draußen, wie Paul sich an ein paar anderen
Leuten vorbeischiebt und auf den kleinen Hocker vor
dem Tresen steigt. Paul redet mit dem Eisverkäufer,
etwas länger als nötig, bekommt sein Eis, zahlt und
geht stolz zu Papa zurück nach draußen.
„Das nächste Mal musst du dich aber hinten anstellen",
sagt Papa. „Du magst es doch auch nicht, wenn sich
andere vordrängeln, oder?"
„Die wussten noch gar nicht, was sie wollten", redet
sich Paul heraus und schleckt sein Eis.

„Und, was hast du genommen?", fragt Papa. Paul hält
ihm das Eis hin. Papa probiert. „Was ist das denn?"
„Banille", sagt Paul.
„Banille?", wiederholt Papa. „Das hab ich ja noch nie
gehört."

Paul isst sein Eis weiter. „Banille eben. Eine Mischung aus Banane und Vanille."

Papa staunt. „Und das gab es dort?"

„Nein", sagt Paul. „Ich habe es dem Eisverkäufer kurz erklärt und dann hat er mir eine Spezialkugel gemacht. Halb Vanille, halb Banane."

„Wow, ich glaube, ab jetzt solltest du immer das Eis kaufen", sagt Papa. „Ich nehme das nächste Mal Erdurt."

„Was soll das denn sein?", fragt Paul und knabbert an der Waffel.

„Eine Mischung aus Erdbeer und Joghurt, meinen beiden Lieblingssorten", sagt Papa. „Und jetzt schnell nach Hause. Wir müssen noch das Essen machen. Heute Abend gibt's Bralat."

„Bralat?", fragt Paul und geht einen Schritt schneller.

„Brot und Salat – was dagegen?", sagt Papa.

Elefantentrost

„Und was machen wir jetzt noch?", fragt Papa, als er
Paul vom Kindergarten abholt.

„Wir gehen auf Safari", ruft Paul aufgeregt.

„Na dann steuern wir wohl am besten den Park an",
sagt Papa und hält Paul die Schuhe hin.

Paul und Papa streifen durchs dichte Gebüsch. „Da ist
ein Elefant", ruft Paul und schnappt sich einen Stock.
„Das ist mein Gewehr!"

„Aber Paul", sagt Papa erschrocken. „Elefanten sind
doch schöne und schlaue Tiere, die wollen wir nicht
erschießen!"

„Doch", ruft Paul. „Sei mal leise, sonst ist der Elefant
weg."

Paul hechtet durchs Gebüsch. Er springt über einen
Stein, drückt sich an einem Strauch vorbei, und dann
sieht Papa ihn gar nicht mehr.

„Auuuuuuu!", hört Papa dann plötzlich und es folgt
ein Riesengebrüll. Schnell rennt er Paul hinterher.
Der liegt weinend auf dem Boden und hält sich den
Kopf. Dicke Tränen kullern seine Wangen herunter.
Papa nimmt ihn in den Arm.

„Was ist denn passiert?", fragt er besorgt.

„Der Ast", schluchzt Paul. „Ich hab mich an dem Ast
gestoßen."

Papa guckt sich die Stelle am Kopf an. „Ui, das wird
eine dicke Beule", sagt er. Papa streichelt Paul und
pustet die Stelle am Kopf. „Wusstest du, dass Elefanten
neben Schimpansen die einzigen Tiere sind, die sich
gegenseitig trösten?"

„Echt?", schnieft Paul.

„Ja", sagt Papa und pustet wieder. „Wenn sich ein
anderes Tier aus der Herde wehgetan hat, dann
berühren sie es mit dem Rüssel oder stecken ihm
sogar den Rüssel in den Mund, um es zu beruhigen."

„Wie ein Schnuller bei Babys", sagt Paul und muss
lachen.

„Stimmt", sagt Papa. „Oder wie ein Lolli."

Paul richtet sich auf. „Papa, darf ich einen Lolli haben?"

„Hmm", macht Papa und überlegt. „Na gut, einen Tröst-Lolli, weil du für einen Schnuller schon zu groß bist. Aber nur, wenn du mir versprichst, keine Tiere mehr mit dem Gewehr zu jagen. Besonders keine Elefanten."

„Versprochen", sagt Paul und steht auf.

Papa hält ihm ein Taschentuch hin. „Hier, putz dir erst mal die Nase. Dann gehen wir zum Kiosk."

„Danke", sagt Paul und schnäuzt hinein.

Und dann macht er noch mal extra laut „Törö" – wie ein Elefant.

Schlechte Laune

„Ich hab schlechte Laune", sagt Paul und kickt mit
dem Fuß seinen Eisbären weg.

„Ach Quatsch", sagt Papa und nimmt ihn in den Arm.
„Heute Vormittag ist doch so schönes Wetter! Guck
mal, wie die Sonne scheint."

„Die Sonne blendet", mault Paul und hält sich die
Hand vor die Augen. „Sie soll wieder untergehen."

„Aber dann hätten wir ja nichts von diesem schönen
Tag. Dann wäre schon Abend und du könntest nicht
mit deinen Freunden im Kindergarten spielen." Papa
nimmt den Eisbär und drückt ihn Paul in die Hand.

„Du kannst ja auch deinen Eisbär mitnehmen."

„Nö, der ist blöd", sagt Paul und wirft den Eisbär
wieder weg.

Plötzlich stöhnt Papa und sagt: „Ach, du Sch..."

Paul guckt ihn fragend an.

„Mir fällt gerade ein, dass ich heute bei der Arbeit etwas erledigen muss, worauf ich überhaupt keine Lust habe. Du hast recht, es wäre wirklich besser, wenn es schon Abend wäre."

Paul läuft zum Eisbären und hebt ihn wieder auf.

„Willst du ihn dann vielleicht mitnehmen?"

„Nein, danke", sagt Papa. „Ich glaube, das würde etwas komisch aussehen."

„Hmm", überlegt Paul. „Dann machen wir heute Abend etwas Schönes. Etwas, worauf du dich freuen kannst."

„Ich weiß nicht", sagt Papa zögerlich.

„Wir können zusammen Pfannkuchen backen!", sagt Paul und tut so, als würde er mit einer Pfanne Pfannkuchen durch die Luft wirbeln.

„Wenn du meinst", sagt Papa und tut so, als ob ihm der Pfannkuchen auf den Kopf fallen würde.

Paul muss lachen und Papa grinst auch ein kleines bisschen.

„Siehst du, Papa, so schlimm ist es doch gar nicht", sagt Paul und zieht sich die Schuhe an.

Papa schnappt sich die Jacken von der Garderobe.

„Ja, stimmt. Komm, wir müssen uns beeilen."

Auf der Treppe nach unten fragt Papa: „Warum hattest du denn jetzt eigentlich schlechte Laune, Paul?"

Paul hüpft zwei Stufen auf einmal runter und dreht sich auf dem Absatz zu Papa um. „Ich, schlechte Laune? Ist doch ein super Tag heute!"

Schlappi Papi

„Hatschi", macht Papa.

Paul hält ihm ein Taschentuch hin.

„Oh, mir brummt ganz schön der Kopf." Papa stöhnt und putzt sich die Nase. „Hoffentlich werde ich nicht krank. Wär doof, jetzt, wo Mama übers Wochenende weg ist."

„Stimmt. Mama ist die beste Krankenschwester", sagt Paul.

„Ja. Und ich muss mich ja auch um dich kümmern", sagt Papa und legt ihm den Arm um die Schulter.

„Wieso? Ich bin doch schon groß", entgegnet Paul und streckt sich.

„Wir machen heute einfach einen Sofa-Tag", sagt Papa. „Mit ganz vielen Büchern."

„Au ja!", ruft Paul und holt seine Lieblingsbücher. Sie lesen eins nach dem anderen, bis Papas Stimme immer dünner wird.

„Papa?", fragt Paul, als der plötzlich mitten im Satz abbricht.

„Chrrrrrrr", kommt es aus Papas geöffnetem Mund.

„Armer schlappi Papi", sagt Paul leise, nimmt ihm das Buch aus der Hand und deckt ihn zu.

Zum Glück weiß Paul schon, wie man eine DVD in den Spieler einlegt. Er stellt den Ton ganz leise und guckt fünf Folgen seiner Lieblingsserie.

Das darf er sonst nie.

Wenn Papas Schnarchen zu laut wird, versteht er manchmal nicht alles, aber das meiste kennt er eh schon auswendig.

Plötzlich klingelt das Telefon. Papa wacht auf und Paul drückt ganz schnell auf den Aus-Knopf und schnappt sich ein Buch.

„Hallo?", krächzt Papa ins Telefon. „Es ist Mama", sagt er zu Paul.

Die beiden telefonieren ein paar Minuten und Paul guckt sich das Buch an.

„Dann bis später", verabschiedet sich Papa. „Mama kommt heute Abend schon wieder. Ich soll dir einen dicken Kuss geben. Und was machen wir jetzt?", fragt er und fängt an zu husten. „Vorlesen kann ich dir nicht mehr. Da macht meine Stimme nicht mehr mit. Wir könnten ja eine DVD gucken."

„Au ja!", sagt Paul. „Und bis Mama kommt, bin ich deine Krankenschwester." Er deckt Papa wieder zu und bringt ihm etwas zu trinken.

Als sie später den Schlüssel in der Tür hören, drücken

sie ganz schnell auf den Aus-Knopf und schnappen sich ein Buch.

„Na, wie geht's meinen Männern?", fragt Mama, als sie den Kopf zur Tür reinsteckt.

Papa will antworten, doch er muss gleich wieder anfangen zu husten.

„Ab ins Bett", sagt Mama. Sie kocht ihm einen Tee und holt das Thermometer. „Kein Wunder, dass du schlapp bist, du hast ja richtig Fieber."

„Gute Nacht, schlappi Papi", sagt Paul, als er im Schlafzimmer das Nachtlicht ausmacht.

„Gute Nacht", krächzt Papa. „Ich habe es wirklich gut. Ich habe die beiden besten Krankenschwestern der Welt."

Susanne Weber, Jahrgang 1977, studierte in Berlin
Germanistik und Romanistik. Sie arbeitete einige Jahre
als Lektorin in verschiedenen Kinderbuchverlagen. Nach
der Geburt ihres ersten Sohnes begann sie, erfolgreich
Kinderbuchtexte zu schreiben. Mittlerweile hat sie
zwei Söhne und schreibt immer mehr.

Susanne Göhlich, geboren 1972, lebt mit ihrer
Familie in Leipzig. Neben dem Studium der Kunst-
geschichte begann sie zu zeichnen. Dabei ist sie dann
auch geblieben. Inzwischen arbeitet sie als freie
Illustratorin für Kinderbuchverlage und Magazine.